HEILIGE NACHT

HEILIGE NACHT

Eine Weihnachtslegende von Ludwig Thoma
Mit Zeichnungen von Wilhelm Schulz

Piper
München Zürich

ISBN 3-492-03160-9
5. Auflage 1998
© Piper Verlag GmbH, München 1947
Satz: Kriechbaumer, München
Druck und Bindung: Wiener Verlag, Himberg bei Wien
Printed in Austria

Jetzt, Leuteln, jetzt loost's amal zua!
Mei Gsangl is wohl a weng alt,
Es is aba dennascht schö gnua.
I moan, daß 's enk allesamm gfallt.

Erstes Hauptstück

Es war selm in Nazareth hint
A Mo, der si Joseph hat gnennt;
So brav, wia ma net oft oan findt
Und wia ma's net glei a so kennt.

Er hot als a Zimmamo glebt.
Und koa Geld war freili net do,
Mit da Arwat hot a's dahebt,
Daß a grad a so furt macha ko.

's werd gwen sei, wia's heunt aa no is.
Ma hat oft halt grad a so z'toa.
Bal baut werd, na hot ma sei G'wiß,
Sinscht is da Vodeanst eppa kloa.

A richtiga Mensch richt si's ei'
Und halt seine Kreuza beinand.
No ja, und dös muaß amal sei',
Und dös sagt oan scho da Vastand.

Da Joseph hat's wohl a so gmacht
Und hot nia nix unnütz valor'n,
Denn, bal ma dös richti betracht',
Sinscht waar a koa Heiliga worn.

I woaß, daß ma 'r eppa sagn kunnt:
De Zimmaleut mögn gern a Bier,
Und Brotzeit, de macha s' all Stund,
De meischt'n hamm jetzt de Manier.

Vielleicht aba selbigs Mal net?
Obwohl daß ma's net so gwiß woaß,
Und weil's in die Büacha oft steht,
Z' Palästina waar's a weng hoaß.

Da kunnt oana 's Bier net ganz g'rat'n,
So moant ma. Dös hätt no koa G'fahr,
Denn drei und vier Maß san koa Schad'n,
Weil's selbigs Mal billiga war.

Ko sei und net aa, — is, wia's mog,
Ma hot nia nix Unrechts net ghört,
Und hört ma no heut nia koa Klog,
Und hot sie koa Mensch net beschwert.

Sei Frau, no dös wißts ja allsamm,
Da brauchts ja koa Wort mehra net,
Indem daß mir's alle glernt hamm,
Was im Katekisimus steht.

Ganz Nazareth sagt, wia de leb'n,
So friedli und brav und so staad! —
Dös muaß's wohl net glei wieda gebn!
Waar schö', bal's as öfta gebn tat.

Jetzt, daß i enk weita vazähl:
Es kimmt selm auf oamal a Schreibn,
Es müaßt si, und gleich auf da Stell,
A jeda bei'n Rentamt ei'schreib'n.

Da Kaiser Augustus will's hamm.
Er braucht eahm halt wieda a Geld.
Ma treibts vo de kloana Leut z'samm;
Dös is amal so auf da Welt.

Was tean jetzt de Leut z' Nazareth?
Sie wern halt aa schimpfa und zahln,
Und wia'r oan de Sach g'ärgert hätt'.
Dös siecht ma danach bei de Wahl'n.

An Joseph hot's aa net schlecht gift',
Balst moanast, du kamst a weng z' toa,
Na kriagast a sellene Schrift,
Als waar ge de Steuerlast z'kloa!

Ja, kratz di no hinta de Ohrn,
Do ko'st scho nix macha, mei Mo!
Und zahlt is no jedesmal worn,
Mit'n Staat, da fangt koana o.

Da Joseph sagt z'letzt: „In Gotts Nam',
Na roas' ma auf Bethlehem nei'
As Rentamt und sag'n, was ma hamm,
Es werd scho net gar so vui sei'.

Was is na mit dir, bleibst du do,
Maria? Du woaßt scho, warum."
„I bleibet ja gern, liaba Mo,
Aba 's Rentamt will, daß i kumm.

Da Steuerbot hot's ins ja gsagt,
Denn a jeda, sagt a, muaß her,
Und d' Weiberleut aa, hot a gsagt,
Und koan Ausnahm geits do it mehr."

Da Joseph sagt: „Jetza is 's recht!
Wia geht ma denn mit de Leut um!
Und bal ma'r aa ghorsam sei möcht,
Aba dös is dennascht scho z' dumm!"

„O Joseph, es steht in da Schrift:
Ös seids bald in Bethlehem drin,
Und was si alssammet auftrifft,
Dös hot insa Herrgott an Sinn."

Gesang

Im Wald is so staad,
Alle Weg san vawaht,
Alle Weg san vaschniebn,
Is koa Steigl net bliebn.

Hörst d' as z'weitest im Wald,
Wann da Schnee oba fallt,
Wann si 's Astl o'biagt,
Wann a Vogel auffliagt.

Aba heunt kunnts scho sei,
Es waar nomal so fei,
Es waar nomal so staad,
Daß si gar nix rührn tat.

Kimmt die heilige Nacht.
Und da Wald is aufgwacht,
Schaugn de Has'n und Reh,
Schaugn de Hirsch übern Schnee.

Hamm sie neamad net gfragt,
Hot's eahr neamad net gsagt,
Und kennan s' do bald,
D' Muatta Gottes im Wald.

Zweites Hauptstück

Beim Tagwer'n, es war no ganz fruah,
Schaugt da Joseph außi in Schnee.
„Maria, jetzt genga ma zua,
Z'erscht trink' ma no insern Kaffee.

O mei ja! Dös werd heut was wer'n!
Dei Schuahwerk is aa so vui dünn,
I wollt und i hätt's scho recht gern,
Mir waarn scho in Bethlehem drin."

„Jetzt laß da daweil, liaba Mo!
Es geht ins ganz guat, werst as sehgn,
Was sei muaß, dös packt ma frisch o,
Und es werd ins na do scho nix gschehgn."

So gengan sie naus bei da Tür.
D' Maria muaß langsama toa;
Es kam ihr bald selber so für,
Da Joseph gang gscheida alloa.

Vo Nazareth braucht ma ganz gwiß
Auf Bethlehem ummi sechs Stund,
Dös hoaßt, bal da Weg sauber is,
Und bal oana richti geh' kunnt.

So glangts auf koa Weit'n wohl net;
An Schuach und no drüba hot's gschneibt.
D' Maria bal hundert Schritt geht,
Is not, daß sie wieda steh' bleibt.

Es geht Buckel auf, Buckel o;
Am bessern wars dennascht im Wald,
Hat da Wind net gar so schiach to,
Und war do net gar a so kalt.

Auf'n Mittag zua vespern s' a weng
Am Holz hiebei, glei neba'n Rand:
Sie müass'n, sinscht wurds eahna z' streng.
Und sie ess'n a Nudl mitnand.

An Joseph, den jammert's scho recht,
Und wia'r a d' Maria betracht',
Da sagt a: „Heunt geht's ins wohl schlecht,
Und Angscht hon i, daß 's da was macht."

Sie zoagt eahm des freundlichste G'sicht
„Und", sagt sie, „es feit net so weit,
Geh, Vata, was helft ins de G'schicht,
Weil 's Jammern ja aa nix bedeut'."

Sehgt's, Leuteln, so tapfa is s' g'wen,
Koan Aug'nblick hat sie net greint,
Da kunnt'n de Weiba — was denn? —
A Beispiel dro hamm, wia's ma scheint.

No, daß i mei G'schicht füra bring, —
Sie hamm si so mitanand tröst'.
De Guatheit macht jede Sach' g'ring,
Da Unmuaß is oiwei des größt.

Und wia sie so freundli dischkrirn,
Do hört ma'r a wunderschöns G'läut
Und siecht oan a's Holz her kutschiern.
Da hot si da Joseph scho gfreut.

Der Schlitt'n, der kemma is, war
Vom reich'n Manasse, an Mo
Vo Nazareth. Da hat's koa G'fahr,
Daß d' Maria net aufsitz'n ko.

„He! Halt a weng! Sei do so guat!"
Schreit da Joseph. „Kunnts eppa sei',
Du siechst ja, wia's Weda heut tuat,
Gang's net, daß sie mit kam, de mei?"

Der aba, der gibt gor it acht,
Er schnallt mit da Goaßl, und d' Ross',
De schiaß'n voro, und er lacht
Und zahnt recht und prahlt si no groß.

Mei Liaba, was ko ma da sag'n?
I sag grad, wer so eppas tuat,
Der is mit eahm selba scho gschlag'n,
Und selle Leut geht's it so guat.

Jetzt hockan s' halt wieda im Schnee.
Sagt d' Maria: „Ärger di net
Und hülf ma'r a wengl auf d' Höh!
Ma friert aa net so, bal ma geht."

So waten s' drei Stund oda vier,
Und sie bleib'n gar oft wieda steh'.

Da Joseph vazagt. Er moant schier,
Sie kunnt's eahm bald nimma dageh'.

Es war aa scho nimma gar z' hell,
Und an schiach'n Neb'l hat's gmacht,
Und kam eahr de Dunkelheit z' schnell,
Was tean s' na im Wald bei da Nacht?

Da kimmt jetzt a Handwerksbursch her,
Draht si um, bleibt steh' und hat g'sagt:
„Es scheint, bei da Frau geht's net mehr,
Waar Not eppa gar, daß ma s' tragt."

Da Joseph und er geb'n si d' Hand;
D' Maria hamm s' untersi g'faßt,
Und führen s' und trag'n s' mitanand;
Und g'spürn kaam de heilige Last.

„Wo kemmts denn ös her und wer seids?"
„I arbet als Zimmamo drent
In Nazareth. Dös is a Kreiz,
Jetzt san ma acht Stund ummag'rennt.

Mir müass'ma 'r auf Bethlehem nei',
As Rentamt, du woaßt ja, gon zahl'n.
O mei Mensch, i dank da halt fei',
Du tuast ma 'r an richtinga Gfall'n!"

„Dös braucht's it. Es gschiecht ja recht gern.
Jetzt sollt ma 'r an Äpfischnaps hamm,
Da wurd glei dei Frau wieda wern,
Derselbige richtet oan z'samm."

So hamm sie halt mitanand g'redt,
Hamm d'Maria g'hebt und hamm s' trag'n.
Ja Leut, bal s' den Helfa net hätt,
Waar's gfeit g'wen. Dös kon i enk sag'n.

Jetzt sehg'n sie scho Liachta im Tal;
Da drunt'n muaß Bethlehem sei'.
Da Handwerksbursch sagt: „Halt's amal,
I trau ma 'r in d' Stadt net ganz nei'.

Vo zweg'n de Standari, vasteht's,
Denn koane Papier hab i koa,
I moan, es is bessa, ös geht's
Auf Bethlehem eini alloa."

Sie nehma Bfüad Good voranand,
D' Maria hot gar so liab g'lacht,
Und da Joseph druckt eahm sei Hand
Und hot eahm sei Danksagung g'macht.

Wer war ge der Bursch, liabe Leut?
Wie hoaßt a? Wia hot er si g'schrieb'n?
Mir wiss'ma's no net bis auf heut,
Es is ins koan Ausweis net blieb'n.

Du lüftiga Bursch auf da Roas',
Du host wohl koan Pfenning koa Geld
Und bist do da Reichst', den i woaß,
Und bist do da Reichst' auf da Welt!

Ja, bfüad di Good! Schwing no dein Huat!
Di derf koa Standari schinier'n!
Dir is insa Herrgott was guat,
Bei dem werst du gewiß nix valier'n!

Jetzt san ma in Bethlehem drin.
Wos werd eppa da alles gschehg'n?
Wos hamm s' eppa da alls an Sinn?
Ös Leuteln, mir wern's na scho sehg'n.

Gesang

Und dauß'd geht da Wind,
Geh, seids do guat g'sinnt!
So kalt kimmt's oan für,
Machts auf enka Tür!

„Wer klopft bei da Nacht?
Da werd net aufgmacht!
Gehts glei wieda zua
Und laßts ins in Ruah!"

„De Frau nehmts do gwiß,
Weils gar so arm is!
Sie wart' auf ihr Stund,
Sie geht ma sinscht z' Grund!

Und bal sie koa's hätt,
Na braucht sie koa Bett,
Es tats aa'r a so,
Kriagt s' grad an Schab Stroh."

„Gehts weita! Gehts zua!
Und laßts ins in Ruah!
Mir hamma koan Gfalln
Mit Gäst, de schlecht zahln."

Es sturmt und es schneibt,
Es wedat, es treibt,
Koa Mensch laßt s' net rei' —
Ja, darf denn dös sei'?

Drittes Hauptstück

Da stenga de Zwoa jetzt am Tor,
Hamm freundli an Einlaß begehrt,
An Paß aba zoagn sie z'erscht vor.
So hot's a si selbigs Mal ghört.

Beim Rößlwirt oder im Lamm,
Da stell'n de vo Nazareth ei',
Da wer'n sie an Untaschlupf hamm,
Da kunnt's no am leichtasten sei'.

Beim Rößlwirt san sie jetzt gwest;
Kimmt da Hausknecht mit da Latern.

„Wer is denn no drauß'd?" „Fremde Gäst,
Und a Liegastatt hätt'n mir gern."

„Ja freili, sinscht fallt enk nix ei'?
Bei ins is scho voll", sagt da Knecht,
„Ös kunnts ja no spata dro sei'!
Mir wart'n auf enk! Da habts recht."

So red't a. So reden s' no heut,
De Hausknecht, ma kennt s' ja recht guat!
De hamm an da Grobheit a Freud',
Bal s' arbet'n, kemman s' in de Wuat.

Ös Wirt, und i sag enk dessell:
Auf enkere Hausel derft's schaug'n,
Is jeda a hoanbuachna G'sell,
Und laßt's as no net aus de Aug'n!

Derselbig in Bethlehem haut
De Tür zua und sagt net guat Nacht.
Da Joseph hot grad a so g'schaut
Und hot si am Weg weita g'macht.

Beim Lamplwirt dauert's z'erscht lang,
Na rumpelt da Vizi daher
Und schreit bei da Tür raus im Gang:
„Bei ins gibt's koa Liegastatt mehr."

Sie genga zum Bräu und auf d' Post,
Beim Schimmiwirt hamm s' zuawi g'schaut,
Zum goldna Horn, wo's so vui kost',
Da hamm s' a si net ani traut.

Na san s' no in d' Hirwa zum Bäck,
Beim Schuasta hamm s' aa'r amal gläut',

Und nacha beim Huaba am Eck,
Und nirgads hot's eahr wos bedeut'.

Da Joseph, der jammert halt recht:
„Es is ma ja gar net um mi,
Mir waar wohl koan Untastand z' schlecht,
Zweg'n meiner is net. Aba sie!

Maria, i woaß ma net z' rat'n,
Und 's Woana, dös kimmt ma glei o,
I siech's ja, du leid'st ma 'r an Schad'n,
Und daß i für gar nix sei ko."

D' Maria is wohl a weng schwach
Und hot si vui g'sünda o'gstellt.
Sie sagt eahm: Geh, Joseph, de Sach,
De is nöt dös Irgst auf da Welt.

Dös is halt jetzt heut amal so,
Mir find'n was, werst d'as scho sehg'n,
Und kriag i koa Bett, auf an Stroh,
Do bin i an öften scho g'leg'n."

Da hot ihra Mo wieda glacht
Und sagt ihr: „Du bist scho so guat!
Und bal ma mit dir a weng spracht,
Da kriagt ma glei wieda an Muat."

Und weil a si's g'ringa fürnimmt
Und frischa werd, fallt eahm wos ei'.
Ja, daß ma net glei auf dös kimmt!
„Zum Josias genga ma nei'!

Zum Josias geh' ma, woaßt d' was!
Jetzt san ma scho' gwunna, dös geht.
Sie is ja a meinige Bas,
De wo aa dein Zuastand vasteht.

Jetzt renna ma so umanand
Und laff'n de halbe Stadt z'ruck,
Und hätt'n 's Loschie bei da Hand,
Bei'n Josias enta da Bruck!

I hab sie wohl lang nimma g'sehg'n,
Ganz gwiß so a simm an acht Jahr.
Paß auf, dera kemma mir g'leg'n,
Sie is a guat's Leut, dös is wahr.

O mei Good, i woaß no wia heunt,
Wia s' selbigsmal Hozet hamm g'macht,
Da Zaches, der war da nächst' Freund
Und hot ihr an Kammawag'n bracht.

Bei'n Kirchagang hot's so vui g'regn't.
Ma sagt, daß dös Reichtum bedeut',
No ja, was ma hört, san s' aa g'segn't,
Sie san scho recht geldige Leut.

Maria, paß auf, laß da sag'n,
Mei Basl, de kocht da ganz g'wiß
A Muas, und da kriagst d' was in Mag'n
Na, daß i auf so was vagiß!"

So geht a dahi volla Freud,
„Und", sagt a, „es braucht nix pressier'n,
Maria, jetzt laß da no Zeit,
Jetzt wiss'ma ja, wo ma loschier'n."

O Joseph, wia kennst du de Welt?
Du host, scheint's, no weni dalebt
Mit selle Vawandte mit Geld,
Und was für an Ehr ma aufhebt.

Gesang

Wos eppa dös bedeut'
Mit enk, ös reich'n Leut,
Und enkern Geld?
Müaßt's oiwei mehra spar'n,
Müaßt's oiwei z'sammascharr'n
Und müaßt's do außifahr'n
Aus dera Welt!

Ös müaßt's ma's scho valaab'n
I ho koan andern Glaab'n,
Als daß 's enk reut.
Kemmt's ös in d' Trucha nei',
Da seid's ös aa net fei',
Da werd's ös grad so sei'
Wia 'r ander Leut!

Drum denkt's, so lang als lebt's:
Wos ös de Arma gebt's,
Is net vaschwend't.
Ös habt's des Best davo,
So wia ma's hoffa ko,
Kriagt's ös den schönst'n Loh'
Amal da drent!

Viertes Hauptstück

„Schaug hi!" sagt da Joseph und lacht,
„Bei'n Josias brennt no d' Latern,
Jetzt hot's a sie wirkli guat g'macht,
Jetzt hamm ma z'letzt do no an Stern.

Und schaug no, wia schö is dös Haus!
Sechs Fensta herunt und fünf drob'n,
So reinli und sauba sicht's aus,
Da muaß ma mei Basl scho lob'n.

Jetzt wart no, i ziahg an da Schell'n,
Vom Ummasteh ham ma jetzt gnua,
De wer i ge aussa rebell'n.
He Josias, mach amal zua!"

Sie hör'n bald, wia drob'n oana schreit:
„Wos is bei da stockfinstern Nacht?
Wer kimmt um a sellane Zeit?
Do werd koa Spetakel net g'macht!"

„Ja, grüaß di Good, Josias! Kimm
Und laß ins no g'schwind amal nei':
Du kennst mi ganz gwiß an da Stimm,
Mir kemma vo' Nazareth rei'.

Mir san heut scho lang auf da Roas',
Und suach'ma Loschie überall'n,
Und wia'r i z'letzt gar nix mehr woaß,
Da bist ma halt du no ei'gfall'n."

„So moanst du? Da braucht's ja net mehr,
Jetzt geht's scho auf zehni bereits,
Da kamst du ganz oafach daher,
I woaß net amal, wer's ös seid's."

„Da Joseph. Mir san do vawandt,
Und de Dei' is a Basl vo mir ..."
„Vo dem is mir gar nix bekannt,
Jetzt geht's amal weg vo da Tür!

I sag da des sell, bei da Nacht,
Da hab' i am liabern mei Ruah,
Da werd koa Bekanntschaft net g'macht,
Adjes! Und jetzt geht's amal zua!"

„Geh, Josias, bal a da's sag' ..."
„Nix sagst d' ma! I kenn di net, di,
Scho deratweg'n, weil i net mag,
Wo's d' her bist, da gehst wieda hi'!"

Jetzt kimmt no a Weibets dazua,
De tuat scho abscheili und schreit:
„A Ruah möcht' ma hamm, inser Ruah!
Was san da denn dös no für Leut!"

„A Vetta vo dir, hot a g'sagt..."
„Wos Vetta? A sella, der kimmt
Und 's Sach na bei'n Haus außi tragt
Und selba nix hot und grad nimmt!

A Vetta! A so waar'n s' ma recht!
Ja, selle Verwandte gab's vui,
Wo jeda was brauchat und möcht,
Und jeda was o'brocka wui.

Da gang oan d' Vawandschaft net aus,
De fressat oan' arm, vor ma schaugt,
Koa sella kimmt net in mei Haus!
A Vetta! Dös hätt ma ge 'taugt!"

Sie hamm jetzt die Fensta zuag'schlag'n
Und wergeln und schimpfa no drin.
Da Joseph woaß gar nix zum sag'n,
Es is eahm ganz wunderli z' Sinn.

Er geht a paar Schritt auf da Straß',
D' Maria geht hinta eahm drei',
Sie siecht, seine Aug'n san eahm naß.
Wia kinna de Leut a so sei'?

Er wischt üba 's Gesicht mit da Hand.
„Maria, wos tean ma dann jetzt,
Wos trifft ins no alls mitanand,
Wos is ins no alles aufg'setzt?

Da soll na da Mensch net vazag'n
Und soll bei da Bravheit besteh'!
Bal'st arm bist, muaßt d' alssamm vatrag'n,
Und alls muaß da üba si geh'!"

„A selle Red soll'n ma net führ'n,
Schau, Joseph, dös waar do a Sünd!
Mir brauchan koan Unmuaß net spür'n,
Ins is do des Schönste vakünd't.

I woaß wohl, du moanst ma's recht guat,
Grad weil a da gar so dabarm,
I hab do den fröhlichsten Muat
Und woaß ja, mir zwoa san net arm."

Jetzt, wia no d' Maria so spracht,
Do kimmt üba d' Straß her a Mo;

Der fragt, was sie tean bei da Nacht
Und ob er s' net eppa führ'n ko.

Ös Leuteln, i bild ma dös ei,
I moan g'rad und woaß ja net g'wiß,
Dös sell kunnt an Eng'l g'wen sei,
Bal's eppa koa Mensch g'wesen is.

Ko sei oda net, er hot s' g'weist
Und hot sie koan Ausred' vagunnt,
Er hot si so richti befleißt,
Wia's an Eng'l net bessa toa kunnt.

Da dauß'd vor da Stadt war a Haus,
A Häusl war's, kloa und dafall'n,
Do sagt da Mo: „Simmei, kimm raus,
Geh außa und tua ma den G'fall'n!"

„Glei kimm i", schreit oana vo drin,
Es dauert net lang, geht die Tür.
„De Leut hätt'n 's Dobleib'n an Sinn,
I moanat, es gang scho bei dir?"

Da Simmei, der kratzt sie a weng
Z'erscht hinta de Ohr'n, sagt: „Am End
Gang's wohl, do bei mir is halt eng,
Wia waar's denn im Stall eppa drent?"

„Vagelt's Gott! Mir waar'n ja so froh",
— Sagt da Joseph — „wann du ins nahmst
Und gabst ins a wengl a Stroh — —
Mir tat'n 's wohl aa, bal du kamst."

„Ja, bleibt's no. I weiger mi net,
I woaß scho, wia's tuat, is ma 'r arm.
's is schod, daß 's herinna net geht,
Aba drent'n im Stall, da is warm.

Und 's Stroh hab i enk glei aufg'schütt',
A Heu kriagt's ma'r aa no dazua,
Da legt's enk ös eini a' d' Mitt',
Da habt's ös de allabest Ruah!"

„I woaß ja, da Simmei is recht",
Sagt der ander, „bfüat enk Gott aa!
Ös sehgt's scho, ös habt's as it schlecht
Im Stall drinn auf enkera Strah."

Da Simmei, der führt s' jetzt in Stall,
Und da Joseph b'steht eahm was ei'.
„Woaßt d'", sagt a, „bei ihr is da Fall,
Es kunnt no heut nacht eppas sei'."

„O mei Gott, und muaß umanand!
Es is auf da Welt scho a Kreiz,
Jetzt bin i erst recht bei da Hand
Und hülf enk, weil's gar so arm seid's."

Dös beste Stroh hot a aufg'straht,
Und schaugt, daß de Tür aa guat schliaßt,
Daß ja net koa Wind eina waht,
Und daß sie ja gar nix vodriaßt.

Na sagt a recht freundli: „Guat Nacht,
Ös Leut, und es derft's ja it moan',
Ös hätt's ma'r an Arwat herg'macht,
Und an Umstand macht's ma'r ös koan'.

Guat Nacht jetzt und schlaft's ma recht guat
Und laßt's enk nix kümmern mitnand.
I woaß an mir selba, wia's tuat,
Und 's Armsei', dös is ma bekannt."

Ja Simmei, du host di scho brav,
Du hast di scho richti o'gstellt!
Bal jeda so waar, den ma traf,
Na waar's da fei schö auf da Welt.

Gesang

Es mag net finsta wer'n,
Es bleibt so hell,
Es rucken Mond und Stern
Net von da Stell.

Sie hamm wia Liachta brennt,
So still und klar,
Als waar dös Firmament
A Hochaltar.

Und 's is so wundafei',
Wia's oba klingt!
Dös muaß da Herrgott sei,
Der 's Hochamt singt.

Fünftes Hauptstück

I denk ma, die selbige Nacht
War net, wia 'r a jede sei' kunnt,
I denk ma, die Welt is aufg'wacht
Und wart't auf de heiligste Stund.

Da Wind hot si lang scho valor'n,
Es laßt si koa Lüftl net spür'n,
Und allaweil staader is wor'n,
Es traut sie koan Astl net z' rühr'n.

Und gang no a Mensch übers Feld,
Es tat eahm an Schnaufa vaheb'n,
Es hätt 'n am Weg eppas g'stellt
Und wußt si koa Rechenschaft z' geb'n.

Ma kennt's net, was is und wia's hoaßt,
Und 's is eppas rundumadum,
Und 's Herz klopft da schnella, und woaßt,
Wannst d' selba di fragst, net warum.

A diam is, als kam aus da Höh'
Vo hoamlinga Musi a Klang,
A diam is, als kam übern Schnee
Vo z'weitest a hoamlinga G'sang.

A Zeit'l, da is wieda staad,
Und fangt auf a neu's wieda o,
Als wann ma wo Orgl spiel'n tat
So fei, wia's herunt koana ko.

Es war scho a bsundere Nacht,
Und kam oan scho bald a so für,
Als waar da ganz Himmi aufg'macht,
Ma stand vor da offana Tür.

Und kunnt grad so eini. Koa Gschloß
Waar für, und da Eingang waar frei,
Und da Mond, der waar da so groß,
Als waar a vui nächa hiebei.

De Sternein, de hätt ma kaam kennt,
Sie flimmern net, scheina so klar,
So staad wia 'r a Bergfeua brennt,
Daß oan scho grad feierli war.

Und wia si de Nacht so aufhellt,
Da Fuchs bleibt im Holz drinna steh',
Er hot seine Lauscha aufg'stellt
Und traut si koan Schritt nimma z' geh'.

In Bethlehem lieg'n wohl de Leut
A Stund oda zwoa scho im Bett.
Is g'scheida. De sell'n hätt's bloß g'reut,
Bal's eahna de Ruah gnumma hätt'.

Beim Josias hamm sie was g'spannt,
Es leucht eahna gar a so rei'
Und wirft eahna Liachta an d' Wand
Und macht in da Kamma an Schei'.

Sie is als de erste aufg'wacht
Und stößt ihran Josias o:
„Schaug außi, wia hell is de Nacht!"
Er brummt grad, es liegt eahm nix dro.

„Es werd do koa Feua net sei'?"
„Vo mir aus, bal's weita weg brennt,
I schlaf jetzt und misch mi net ei',
Scho weil ma de Leut gar it kennt."

„Es is grad so licht wia 'r am Tag
Und is bloß da Mond und de Stern."

„Vo mir aus, und is 's jetzt, wia's mag,
I sag da, i schlafet jetzt gern."

Sie druckt's aba dennascht a weng,
Sie mag nimma gar so staad lieg'n.
Es werd in da Bettstatt ihr z' eng,
Sie is nacha do außag'stieg'n.

Und wia sie beim Fensta naus schaugt,
Da werd ihr so wunderli z'muat,
Es hot ihr scho gar nix mehr taugt,
Und 's is ihr scho gar nimma guat.

Sie legt si glei wieda a's Bett
Und draht si bald hin und bald her,
Als lag s' auf an stoa'hart'n Brett,
Von schlafa is aa koa Red mehr.

„Du Josias", sagt s' auf amal,
„I moan, mir war'n do a weng grob

Kunnt sei, und es waar glei da Fall,
Ma kriagat mit so was koa Lob."

„Vo was", fragt da Josias, „redt'st?"
„No ja, vo de sell'n vo heut nacht,
I moan, bal's da s' aufgnumma hättst,
Es hätt ins net gar so vui g'macht."

„So, moanst du? Da hab i scho gnua,
Jetzt hätt' sie d' Vawandtschaft an Sinn,
Mit selle Leut laß d' ma mei Ruah!
Mit selle Leut hot ma koan G'winn."

„I ho vom Vawandtsei' nix g'sagt,
Es fallt ma no grad a so ei',
Und daß ma de Arma vajagt,
Werd aa net des ollaschönst sei'."

„Bal wieda oa kemma, na g'halt s',
Und gib eahr und schenk eahr allssamm,
An Butta und Oar und a Schmalz,
Na wer'n ma bald selba nix hamm.

Denn bal amal dös oana gneißt,
Wia schö daß beim Josias is,
Und wia ma da 's Sach außi schmeißt,
Na hamm ma de Kundschaft ganz gewiß.

I mag net, dös will a da sag'n
Do hot da mei Guatheit an End,
Und willst ma du 's Sach so vatrag'n,
Na laß a da nix mehr in d' Händ."

Er hot si an d' Wand ummi draht,
Und sagt, daß a nix mehr hör'n möcht.

Sie brummelt no lang, aba staad,
Denn g'fall'n tuat ihr gar nix mehr recht.

Jetzt laß ma de zwoa beiranand,
Und schaug'n ins wos Schöners ge o,
Dös Streit'n, dös tat ins grad and,
Mir hamm ins scho gnua g'hört davo.

Sehgt's, weita vo Bethlehem dauß'd,
Da stengan drei Hütt'n im Feld,
In dena hamm d' Hüata drin g'haust
Und üba Nacht d' Schaf einig'stellt.

In oana, da is auf da Strah
Der selbige Handwerksbursch g'leg'n,
Er schlaft jetzt, und traamt hot er aa
Und hot eppas Wundaschön's g'sehg'n.

Woaßt scho, wia's an arma Mensch macht,
Geht wo bei de Großen was z'samm,
Er möcht grad a weng vo da Pracht
Und möcht vo da Freud eppas hamm.

Er stellt si vor d' Tür hi' und spitzt,
Und geht oana raus oda nei',
Na siecht a, wias drinna aufblitzt,
Und kriagt vo dem Glanz aa 'r an Schei',

So kimmt's jetzt dem Handwerksbursch für;
Es hot 'n an d' Höh aufig'hob'n,
Er steht vor da himmlischen Tür
Und schaugt umananda da drob'n.

Durch d' Klums'n durch schleicht si a Strahl,
Der glanzt scho, als waar a vo Gold,
Und Musi is drin in dem Saal,
Als wenn's oan' glei einiziahg'n wollt.

Es werd eahm so z'muat, wia 'r an Kind,
Dös gar so aufs Christkindl wart',
Und drin is da Baam scho o'zünd't,
Und 's Drauß'nsteh' werd eahm so hart.

Auf oamal, da rüahrt si's am Tor,
Es werd eahm glei z'weitest aufg'macht.
Er halt si de Händ g'schwind davor,
So blend't oan dös Liacht und de Pracht.

Dös Silba! Dös Gold und de Stoa!
Und 's Sunnalicht hot so a G'walt!
Wer kunnt eppa d' Aug'n no auftoa,
Wia's funkelt und blitzt und wia's strahlt?

A Kini hot gwiß a schö's Haus,
A Reicha ko gwiß was vatrag'n,
Und haltet do koana dös aus, —
Wos will erst an arma Mensch sag'n?

Und wia si da Handwerksbursch traut
Und blinzelt a weng umanand,
Do steht a vorm Herrgott und schaut,
Der gibt eahm ganz freundli sei' Hand.

„No, Hansei, wia g'fallt's da bei mir?
Kimmst aa 'r amal her?" hat a g'fragt,
„Und geh no ganz rei' bei da Tür,
Du derfst scho." A so hat a g'sagt.

„Heut", sagt a, „heut host ma fei g'fall'n,
Wer ander Leut hilft und dös tuat,

Dem hülf i aa gern überalln;
A sella, der hot's bei mir guat."

Er klopft eahm auf d' Achsel und lacht,
Da Hansei, der danket eahm gern,
Do über dös is er aufg'wacht
Und siecht durch a Lucka an Stern.

Der leucht' eahm so hell und so klar,
Und hot eahm a Botschaft vakünd't
Vo drob'n her, da wo 'r a jetzt war
Und wo 'r a scho wieda hi'find't.

— — Jetzt horcht a . . . Dös is do koa Traam!
A Stimm . . . und jetzt wieda . . . Es tuat,
Als wenn's von da Höh oba kam . . .
Jetzt hört ma's auf oamal ganz guat!

„Ös Hüata, kemmt's allesamm her!
Es schlagt enk de heiligste Stund,
Ja, Gott in da Höh sei de Ehr!
Und Frieden den Menschen herunt!"

Gesang

Und ko ma koa Bettstatt
Und ko ma koa Wiagn,
Und ko ma koa Lei'tuach
Fürs Christkindl kriagn?

A Wiagn passat freili,
Da lieget's recht warm.
Woher solln s' as nehma?
De Leut san so arm!

Drum legn s' as in d' Kripp'n
Drum legn s' as aufs Heu,
An Ochs und an Esel,
De stengan dabei.

Dös is für de Arma
A tröstliche G'schicht.
Sinscht hätt's insa Herrgott
Scho anderst ei'gricht'.

Sechstes Hauptstück

Paßt's auf, und jetzt lass' ma 'r ins Zeit,
Mir müass'ma beim Simmei zuakehr'n
Und schaug'n, was 's im Stall eppa geit,
Und ob ma net gar eppas hör'n.

Es laßt si vo drinna nix g'wahr'n,
Vielleicht no, gab oana recht acht,
Er hörat an Ochs a weng scharr'n,
Wia 's Viech an da Kett'n oft macht.

De Leut is de Ruah wohl vagunnt,
Dös nimmt oan' na dennascht scho her,
A Marsch von a 'n acht a neun Stund,
Und g'spürt ma's beim Schnee no vui mehr.

Is guat für a jed's, bal ma schlaft,
Und is ja a Glück, bal ma's ko,
Ma kimmt do a weng zu da Kraft,
Und 's packt oan net gar a so o.

An Simmei hot's oiwei aufg'weckt.
Er draht si im Bett umadum,
Und bal er si wieda zuadeckt,
Er schlaft net und woaß net warum.

Er denkt eahm, was kunnt denn dös sei'?
Und was eahm denn heut so schiniert?
Er b'sinnt si und fallt eahm nix ei',
Und hot wieda 's Schlafa probiert.

Und wia's eahm net g'lingt, geht a raus.
Es treibt eahm vo selba a d' Höh,
Da siecht er den Glanz vor sein Haus,
An Mond und de Stern überm Schnee.

Was is denn jetzt dös für a Ding,
Dös wo oan so b'sunderli macht?
Es werd oan so leicht und so g'ring
Und laßt oan koa Ruah bei da Nacht.

Vom Stall raus, da kimmt jetzt a Schei',
So hell, als wann's ei'wendi brennt.
Es werd do koa Feua net sei'!
Da Simmei is g'schwind ummi g'rennt.

Und hört scho a Stimm', — de is hell,
Is fei', wia 'r a Glock'n vo Gold,
Da is eahm scho glei auf da Stell,
Als wann er si niedakniean sollt.

Und hot's aa da Simmei net g'wißt,
Es is eahm so feierli wor'n.
Denn drin liegt da heilige Christ,
Denn drin is da Heiland gebor'n.

Und jetzt! Was dös am Himmi war!
Als wenn de Kirz'n am Altar
Da Mesna o'zünd't — da — jetzt durt —
Oans nach dem andern brenna s' furt —
So leucht'n d' Stern auf — oiwei mehr.
Auf oamal braust's von ob'n her,
Als wia vo hundert Orgeln klingt's,
Als wia vo tausad Harfa singt's,
Und Engelstimma wundafei',
De klingan drei'.
Halleluja! Halleluja!
Und vo da Weit'n, vo da Näh
Und vo herunt bis z'höchst in d' Höh,
Und tuat bald laut, und bald vaschwimmt's
Ganz ob'n, und wieda runta kimmt's.
Halleluja!
Und in den hellen Jubelg'sang,
Im Orgel- und im Harfaklang
Hat jetzt
A tiafe Stimm o'g'setzt,
Mit G'walt,
So wia 'r a Glock'n hallt:
„Kommt alle z'samm!
Ihr braucht koa Furcht net hamm!
Die höchste Freud wird euch verkünd't,
Im Stall dort liegt das Christuskind.
So hat die Nacht
Den Heiland bracht
Zu dieser Stund.
Ehre sei Gott in der Höh'
Und Frieden den Menschen herunt!"

Da werd's jetzt mit oan wieda staad,
Vorbei is mit Musi und G'sang.
A paarmal is grad, als vawaht
Da Wind no vo z'weitest an Klang.

Da Simmei knieat no dort im Schnee
Und lust, aba hört scho nix mehr.
Jetzt kemman vo drent über d' Höh
De selbigen Hüata daher.

Sie war'n aa no ganz ausanand,
Bei eahr war dös nämli da Fall,
Da Simmei nimmt s' staad bei da Hand
Und geht mit eahr eini in Stall.

Sie schleichen auf g'nagelte Schuah.
Da Simmei, der geht a weng für
Und mahnt no an jed'n zu da Ruah
Jetzt bleib'n s' alle steh' bei da Tür.

De selln, de wo weita hint war'n,
De hamm si auf d' Zechaspitz g'stellt.
Vor eahna, da liegt drin im Barr'n
A Kindl, — da Heiland der Welt.

So nackt und so arm hamm s' 'n g'sehg'n.
Im Barr'n war an aufg'häufelts Stroh.
Und 's Kind is ganz ruhig drauf g'leg'n.
Es woant net und schaugt grad a so.

Es hot sie mit Stolz und mit Pracht
Und Herrlichkeit gewiß net vaführt
Und hot do a sellane Macht!
A jeda hot's ei'wendi g'spürt.

Und wia s' a si niedaknieat hamm, —
Vo de hot si koana vastellt,
Sie falt'n de Händ alle z'samm,
De war'n a weng starr vo' da Kält.

Sie bringan als Erste eahm dar
De Wünsch für a Glück ohne End',
Net groß, aba ehrli und wahr,
So wia's halt an arma Mensch kennt.

Na gengan sie staad wieda naus
Und wischpern a weng mitanand.
Ziahgt jeda sein Geldbeutel raus
Und druckt was an Simmei in d' Hand.

Sie geben's fürs Kind so gern her,
Und bal dös erst größa wor'n is,
Na woaß's scho, sie hamm halt net mehr,
Es kennt de guat Meinung scho g'wiß.

Sie nehman Bfüad Good voranand
Und gengan na hoam durch de Nacht.
In Bethlehem hot ma nix g'spannt,
Vo dena is neamad aufg'wacht.

Und geht's ös in d' Mett'n, ös Leut,
Na roat's enk de G'schicht a weng z'samm!
Und fragt's enk, ob dös nix bedeut',
Daß 's Christkind bloß Arme g'sehg'n hamm.